Introduzione

Introduction

Nessuna esitazione, nessun timore.
Nessun dubbio, nessun pensiero che potesse interferire.
Nessuna animosità negativa.
Fuori da ogni confusione e oltre ogni mistificazione.
Capace di perdono e pronto ad accogliere il Messaggio.
Puro nel pensiero. Limpido nell'intenzione. Nella Luce.

Questo è come avrei voluto sentirmi quando arrivai a Gerusalemme.

Invece, al mio trentatreesimo anno di vita, ero confuso, incerto,
incostante, duro con gli altri e con me stesso,
arrabbiato perché impaurito, distratto dal futile, spaventato e cieco.

No hesitation, no fear.
No worries, no interfering thoughts.
No animosity.
Out of confusion and beyond any mystification.
Capable of forgiving and ready to embrace the Message.
Pure in my mind. Clear in my will. Into the Light.

This is how I wished to feel when I came to Jerusalem.

Instead, in my thirty-third year, I was disoriented, wavering,
inconstant, severe with the others and with myself,
angry because frightened, distracted by trivial matters, scared and blind.

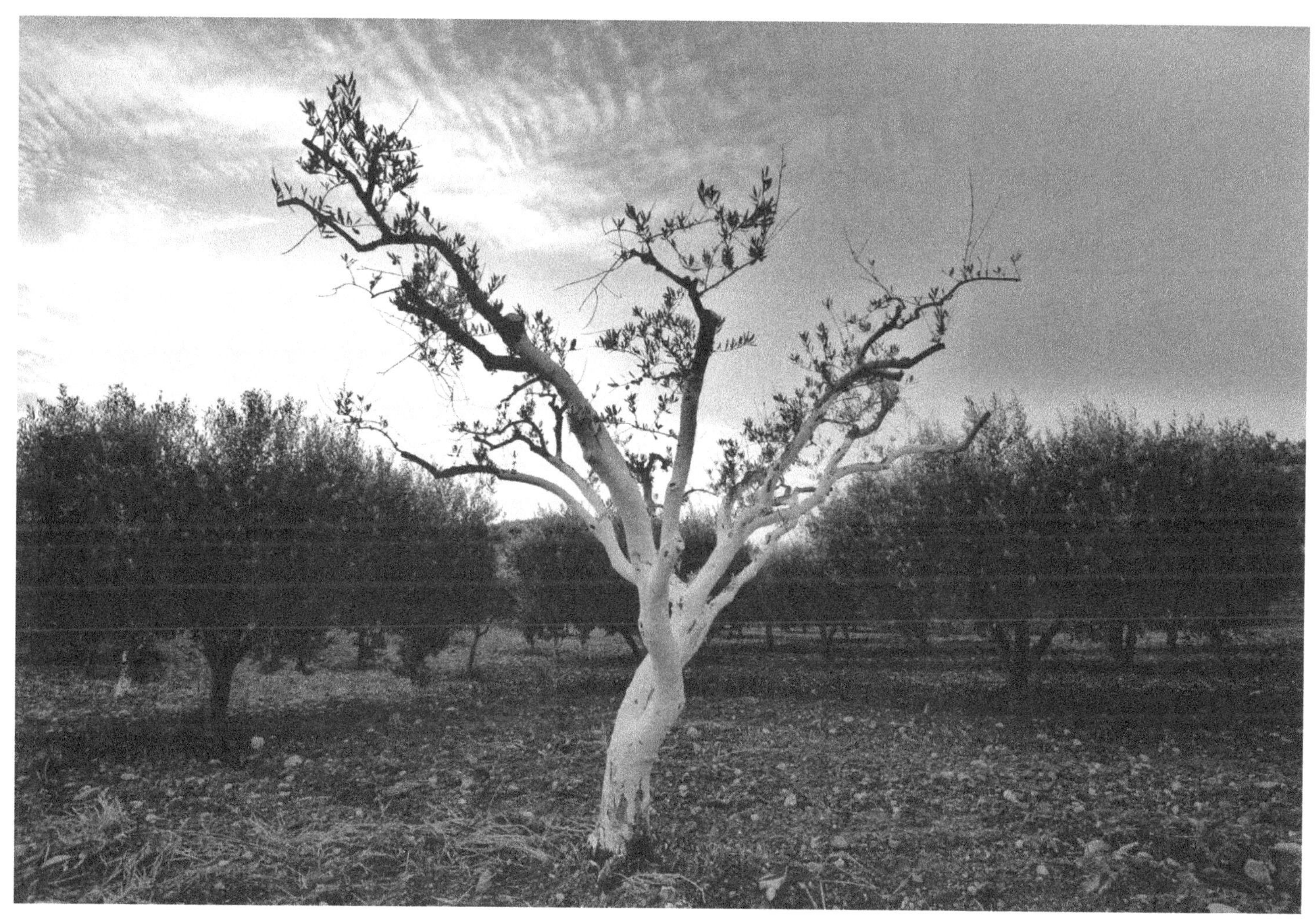

E fu così che accadde, mentre sedevo nell'ombra,
sul Monte degli Ulivi, alle porte di Gerusalemme,
il Cristo, figlio del Padre Onnipotente,
Dio di Abramo, di Isacco e di Giacobbe, creatore del cielo e della terra,
di tutte le cose visibili e invisibili,
chiamandomi con il mio nome di battesimo, mi pose la stessa domanda
che aveva posto a Pietro prima di me:
"Tu mi ami ?"

And so it came to be that, while I was resting in the shade,
on the Mount of Olives, right outside the gates of Jerusalem,
Christ, the son of the Almighty God,
the God of Abraham, Isaac and Jacob, creator of heaven and earth,
and of all that is, seen and unseen,
called me by my Christian name, and asked me the same question
he had asked to Peter before:
"Do you love me ?"

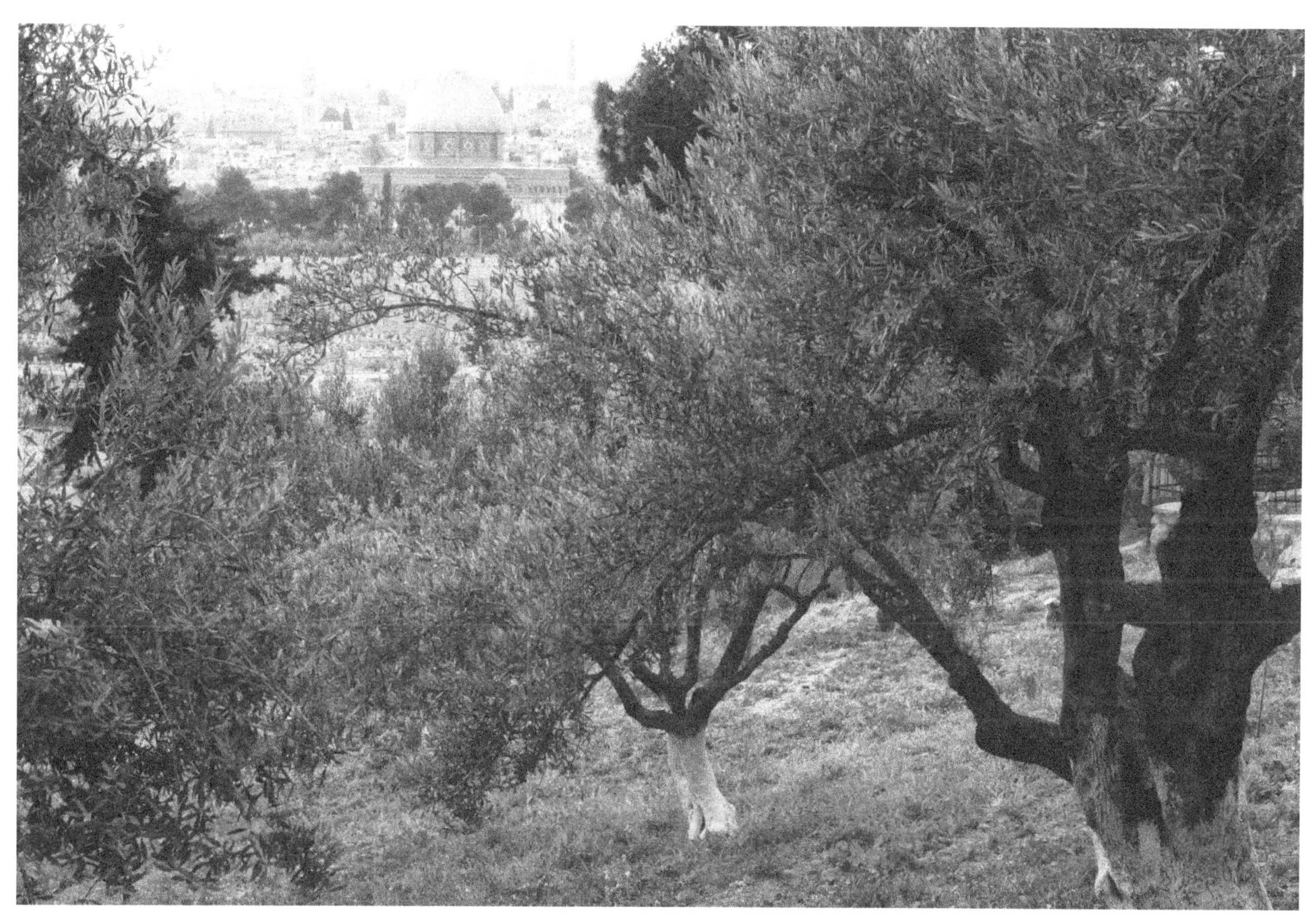

Tu mi ami ?

Do you love me ?

Fotografie

Photographs

Antonio Buttitta

L'angelo le disse: "Non temere Maria, perché hai trovato grazia presso Dio. Ecco, tu concepirai nel grembo e darai alla luce un figlio. Lo chiamerai Gesù. Egli sarà grande e sarà chiamato Figlio dell'Altissimo; il Signore Dio gli darà il Trono di Davide, suo padre, e regnerà sulla casa di Giacobbe in eterno e il suo regno non avrà mai fine".

So the angel said to her, "Do not be afraid, Mary, for you have found favor with God ! Listen: You will become pregnant and give birth to a son, and you will name him Jesus. He will be great, and will be called the Son of the Most High, and the Lord God will give him the throne of his father David. He will reign over the house of Jacob forever, and his kingdom will never end."

Lu/Lk, 1, 30-33

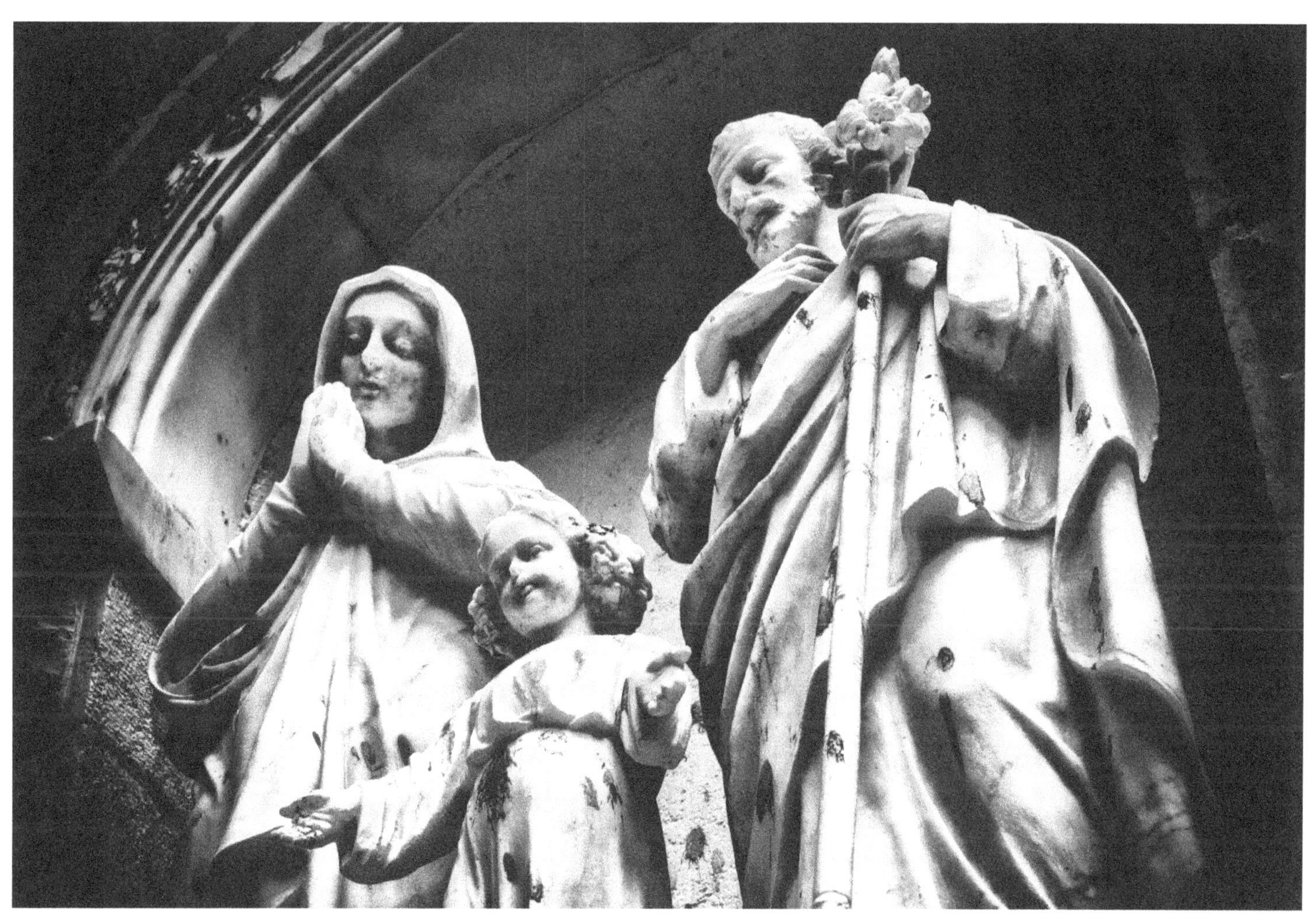

Successivamente lo Spirito lo spinse nel deserto.
Egli rimase nel deserto quaranta giorni, tentato da Satana.
Era con le fiere, e gli angeli lo servivano.

The Spirit immediately drove him into the wilderness.
He was in the wilderness forty days, enduring temptations from Satan.
He was with wild animals, and angels were ministering to his needs.

Mc/Mk 1, 12-13

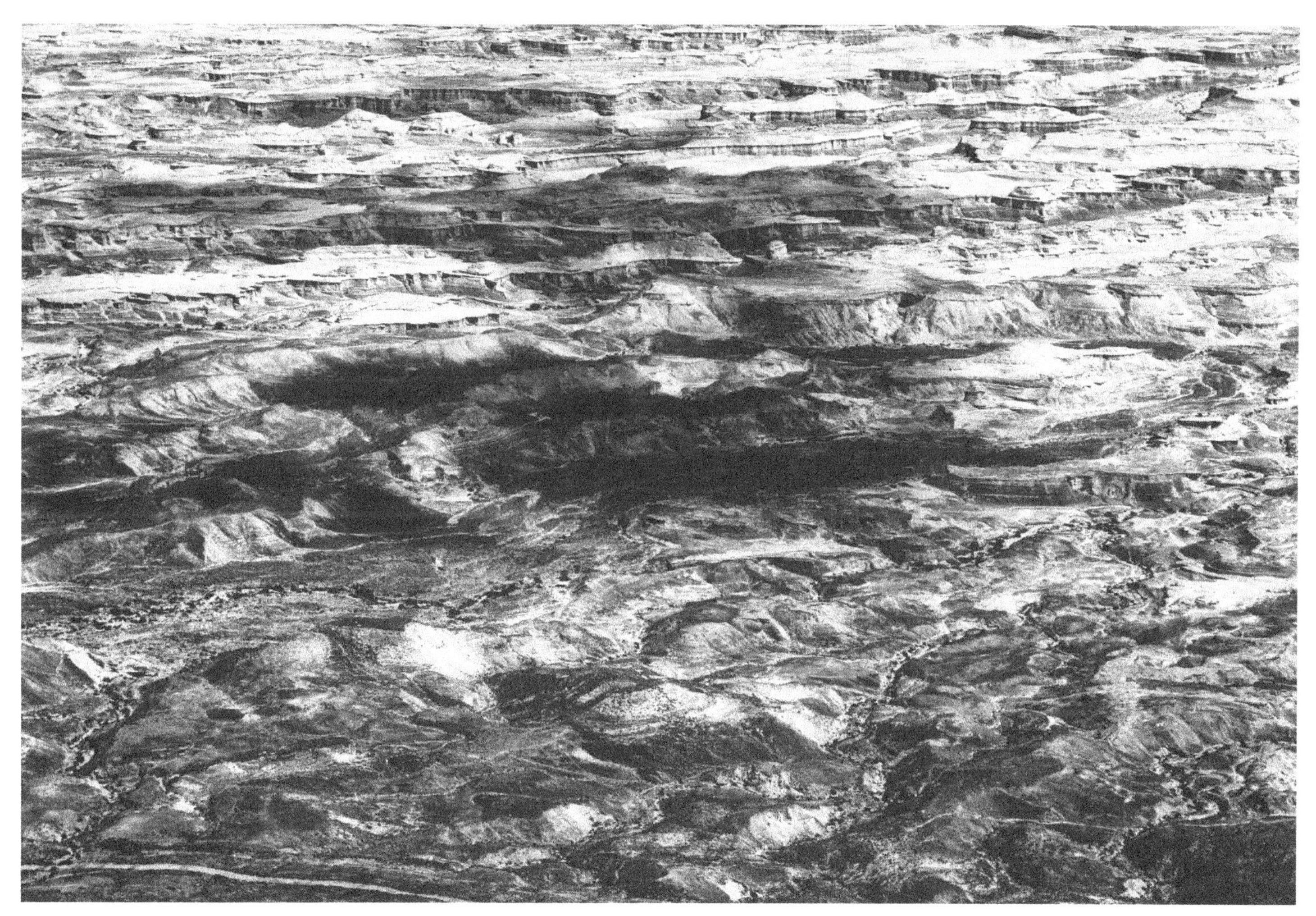

Allora Gesù prese i cinque pani e i due pesci e, levati gli occhi al cielo, li benedisse, li spezzò, e li diede ai discepoli perchè li distribuissero alla folla. Tutti mangiarono a sazietà, e dei pezzi avanzati ne portarono via dodici ceste.

Then he took the five loaves and the two fish, and looking up to heaven he gave thanks and broke them. He gave them to the disciples to set before the crowd. They all ate and were satisfied, and what was left over was picked up – twelve baskets of broken pieces.

Lu/Lk, 9, 16-17

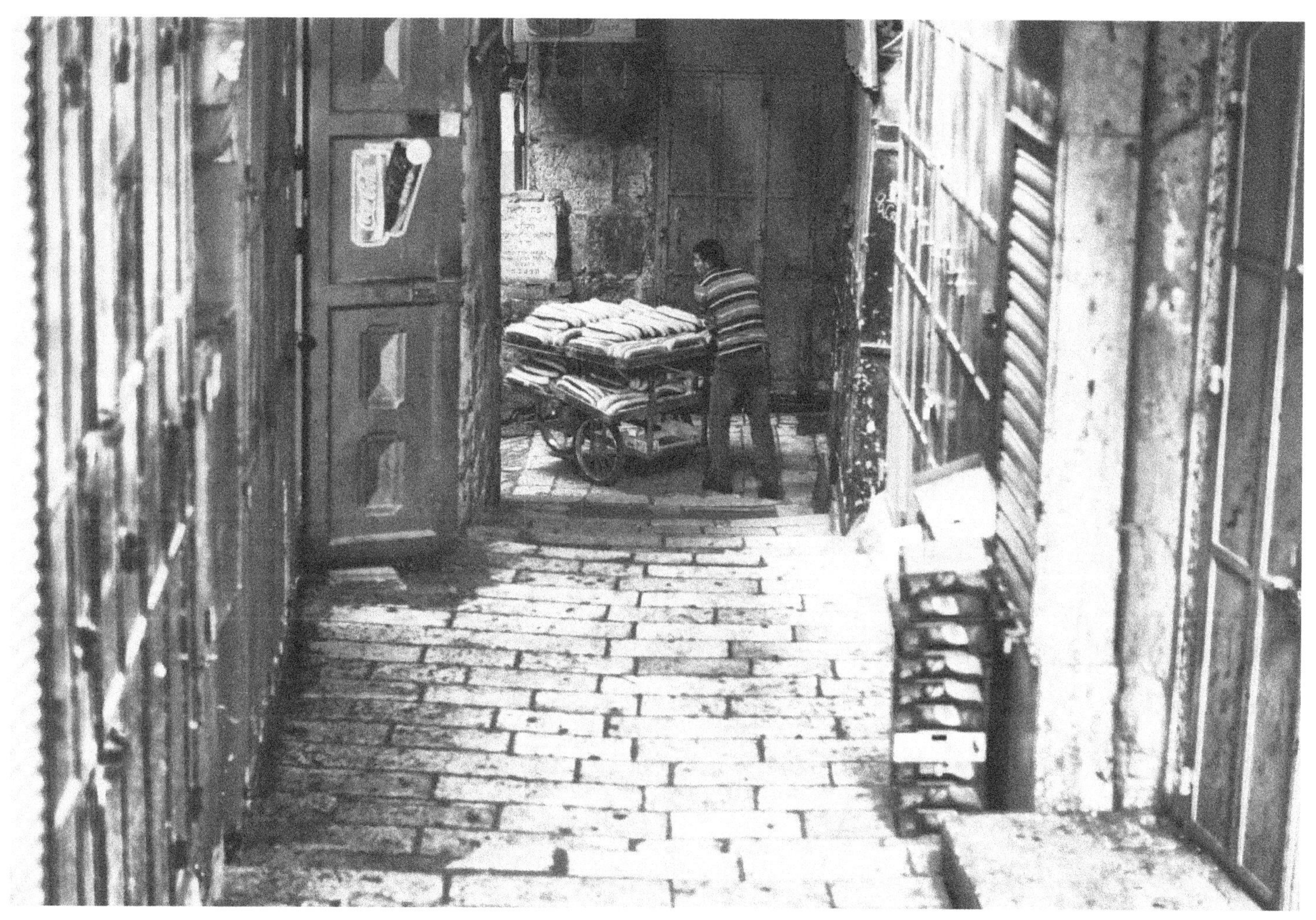

Giungono così a Gerico. Mentre egli con i discepoli e una grande folla stava uscendo da Gerico, il figlio di Timeo, Bartimeo, che era cieco, se ne stava seduto lungo la strada a mendicare. Avendo inteso che c'era Gesù Nazareno, incominciò a gridare dicendo:
"Gesù, figlio di Davide, abbi pietà di me !" [...]
Rivolgendogli la parola, Gesù gli domandò:
"Che cosa vuoi che ti faccia ?"
Gli rispose il cieco "Signore, che io veda !"
Allora Gesù gli disse "Va' ! La tua fede ti ha salvato".
E subito egli ci vide e si mise a seguirlo per la via.

They came to Jericho. As Jesus and his disciples and a large crowd were leaving Jericho, Bartimaeus the son of Timaeus, a blind beggar, was sitting by the road. When he heard that it was Jesus the Nazarene, he began to shout,
"Jesus, Son of David, have mercy on me !" [...]
Then Jesus said to him, "What do you want me to do for you ?"
The blind man replied, "Rabbi, let me see again."
Jesus said to him, "Go, your faith has healed you."
Immediately he regained his sight and followed him on the road.

Mc/Mk, 10, 46-47 / 51-52

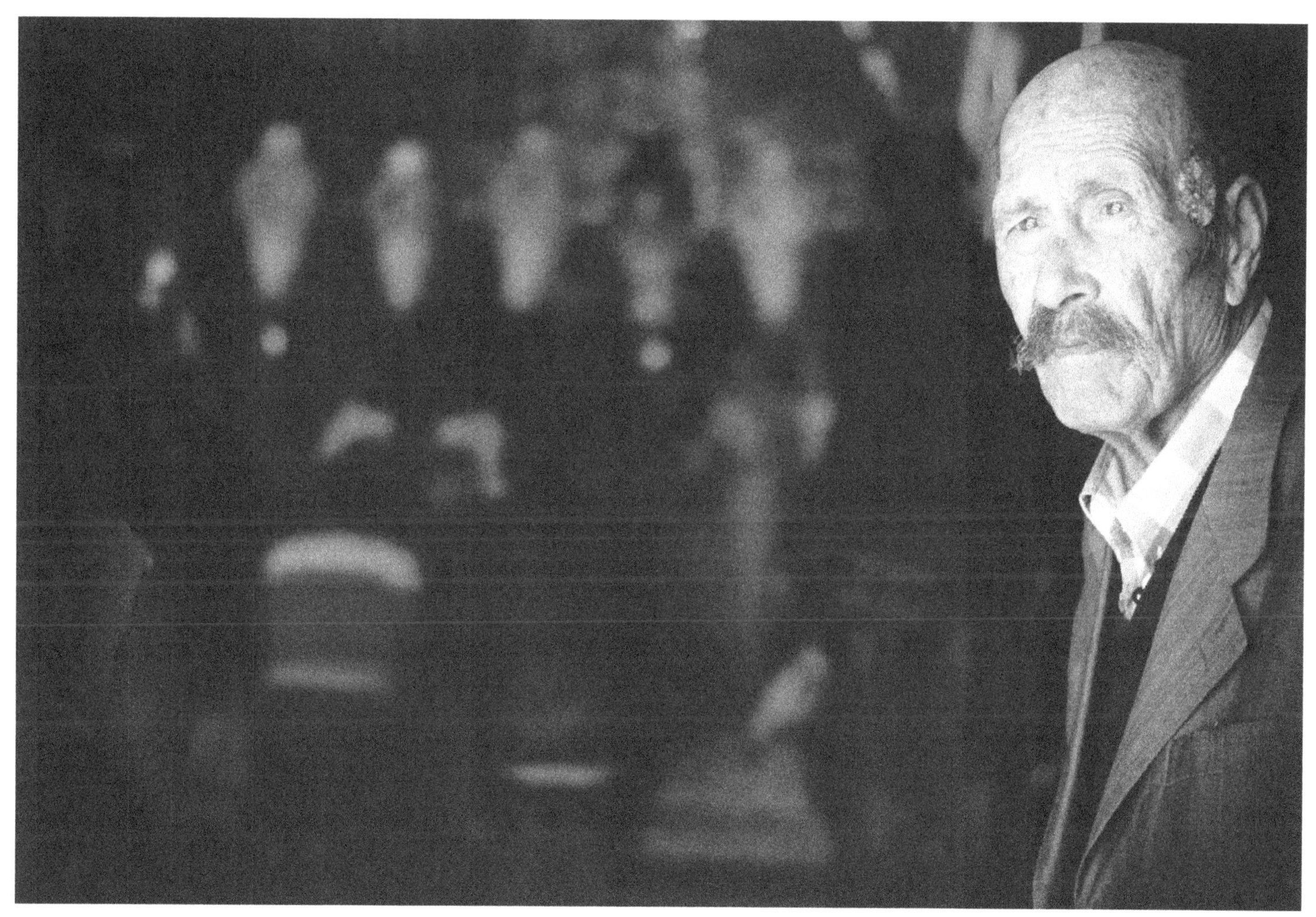

Tutti furono presi da spavento, tanto che si chiedevano tra loro:
"Che è mai questo ? Una dottrina nuova, data con autorità.
Comanda perfino agli spiriti impuri e questi gli obbediscono".

They were all amazed so that they asked each other,
"What is this ? A new teaching with authority !
He even commands the unclean spirits and they obey him."

Mc/Mk , 1, 27

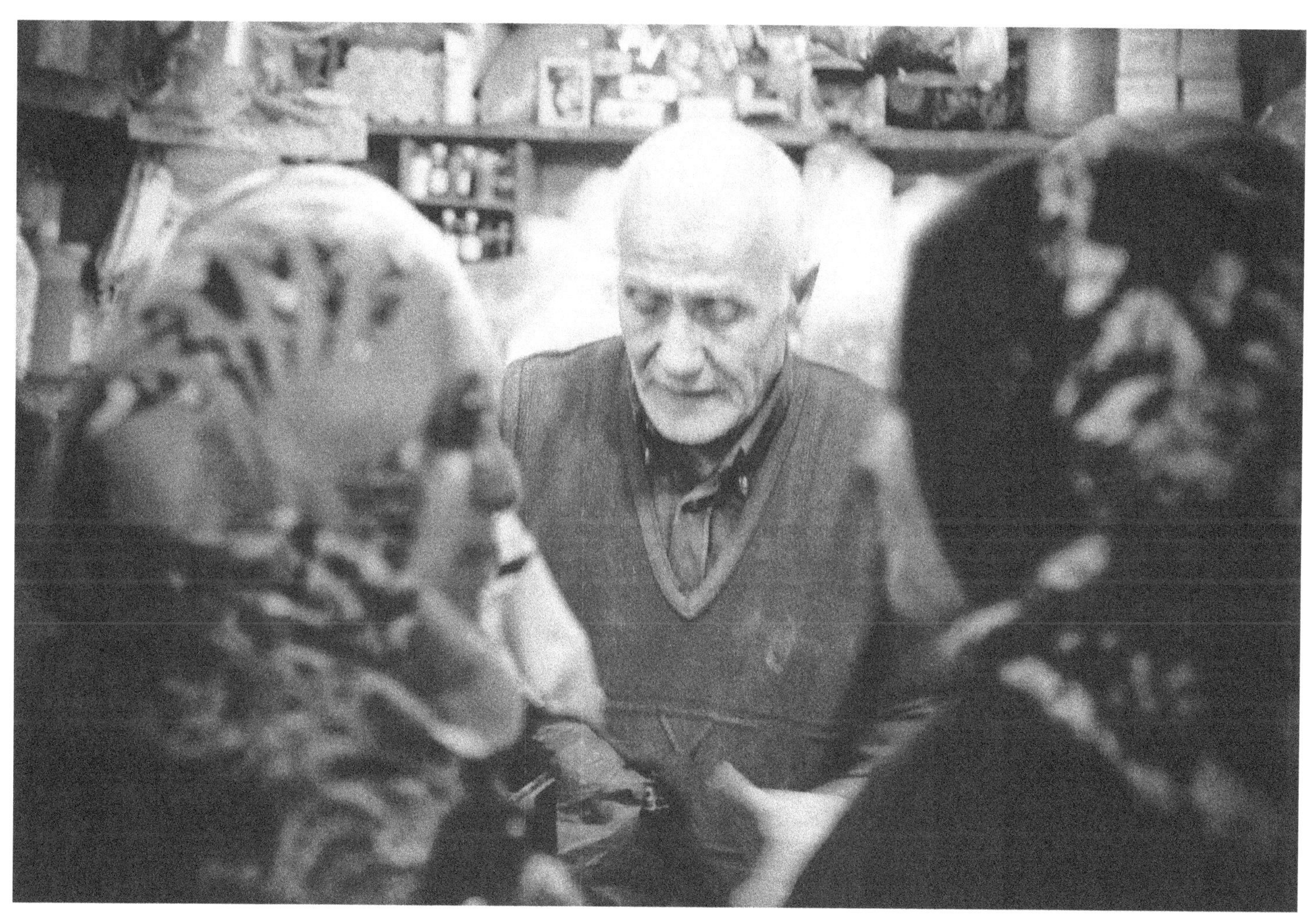

Tutti furono presi da timore e glorificavano Dio dicendo:
"Un grande profeta è apparso tra noi: Dio ha visitato il suo popolo".
La fama di questi fatti si diffuse in tutta la Giudea e per tutta la regione.

Fear seized them all, and they began to glorify God, saying,
"A great prophethas appeared among us !" and "God has come to help his
people !" This report about Jesus circulated throughout Judea and all the
surrounding country.

Lc/Lk , 7, 16-17

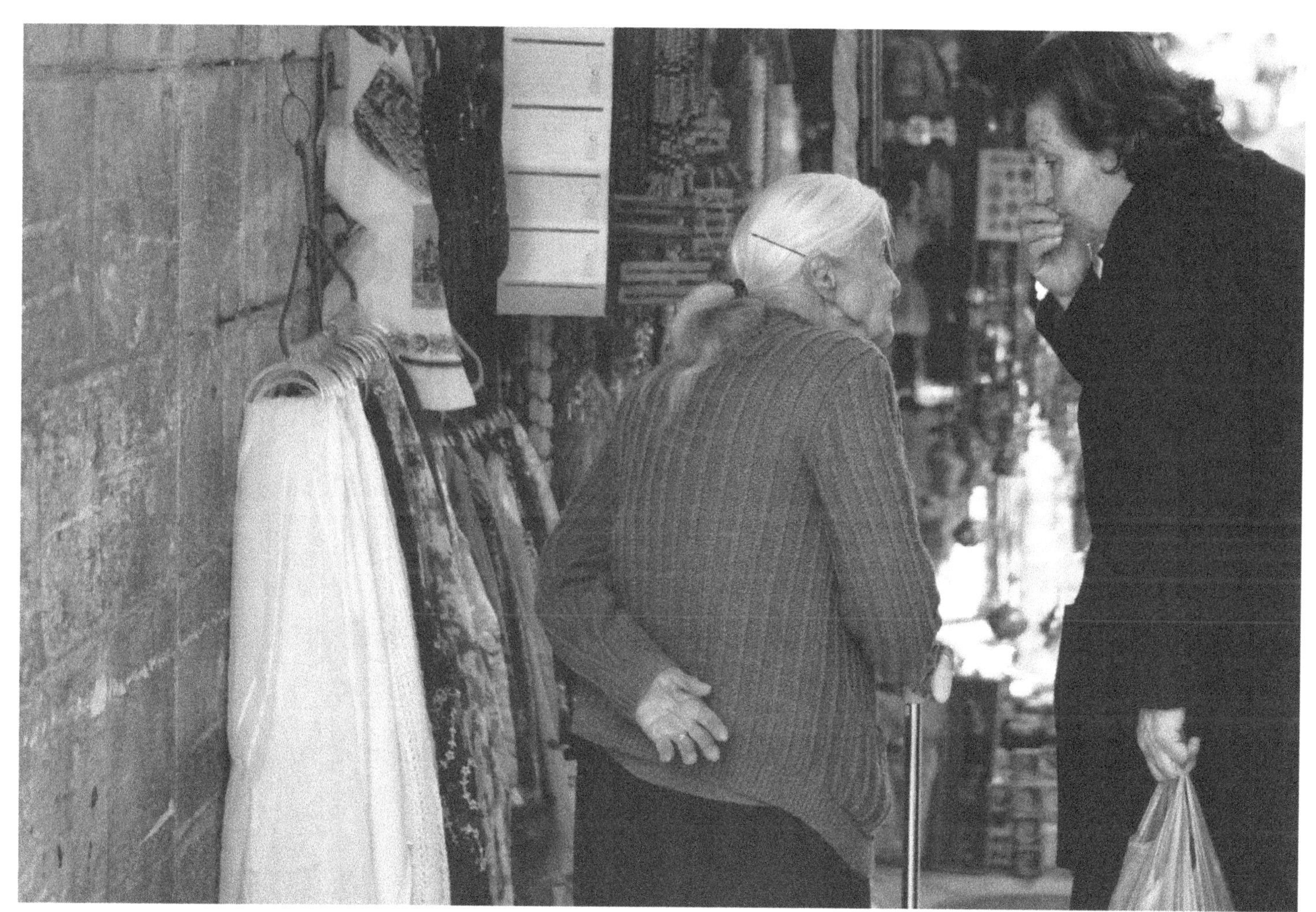

Non crediate che io sia venuto ad abrogare la legge o i profeti;
non sono venuto ad abrogare, ma a compiere.

Do not think that I have come to abolish the law or the prophets.
I have not come to abolish these things but to fulfill them.

Mt, 5, 17

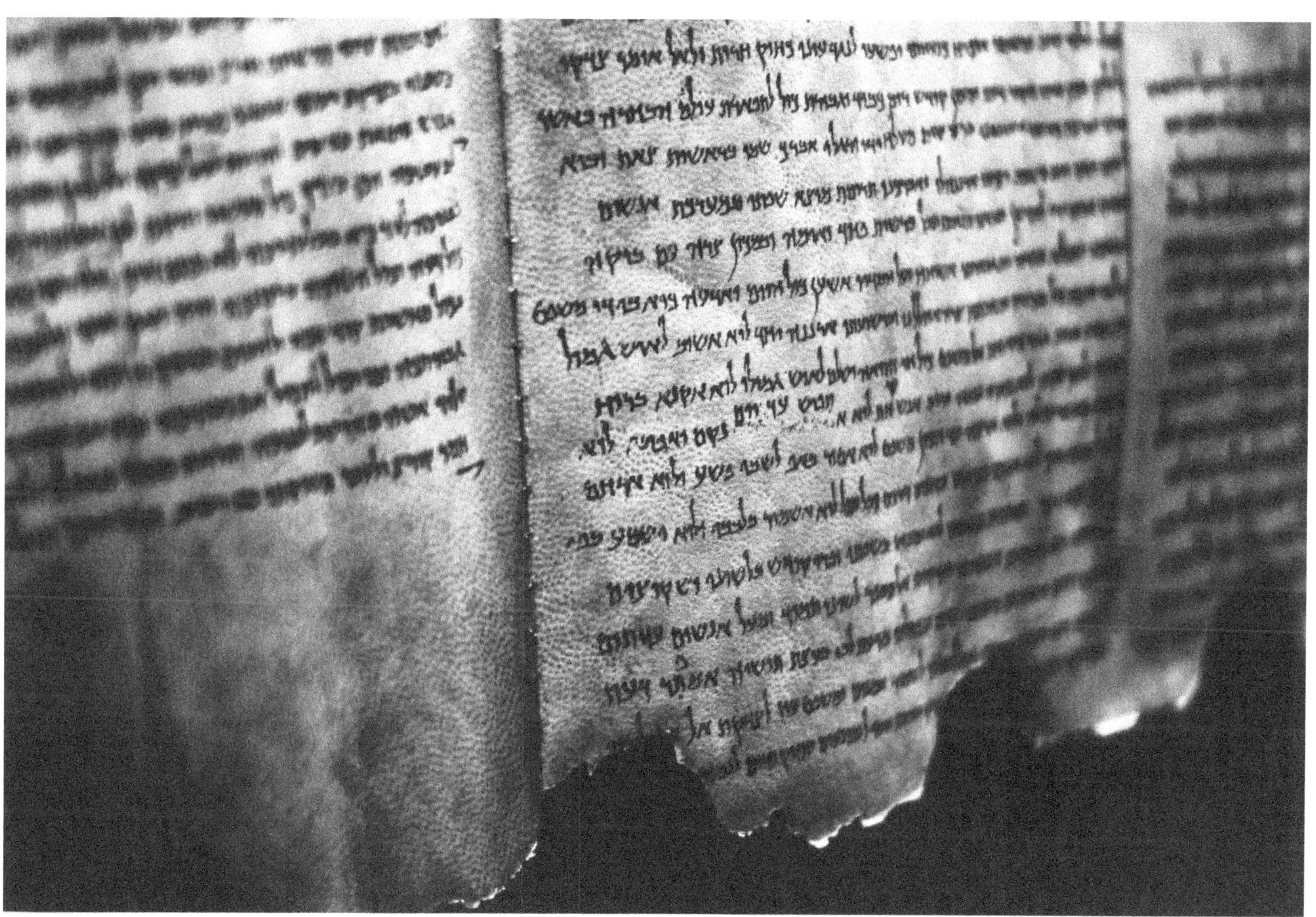

Non crediate che io sia venuto a portare la pace sulla terra;
non sono venuto a portare la pace, ma la spada.

Do not think that I have come to bring peace to the earth.
I have not come to bring peace but a sword.

Mt, 10, 34

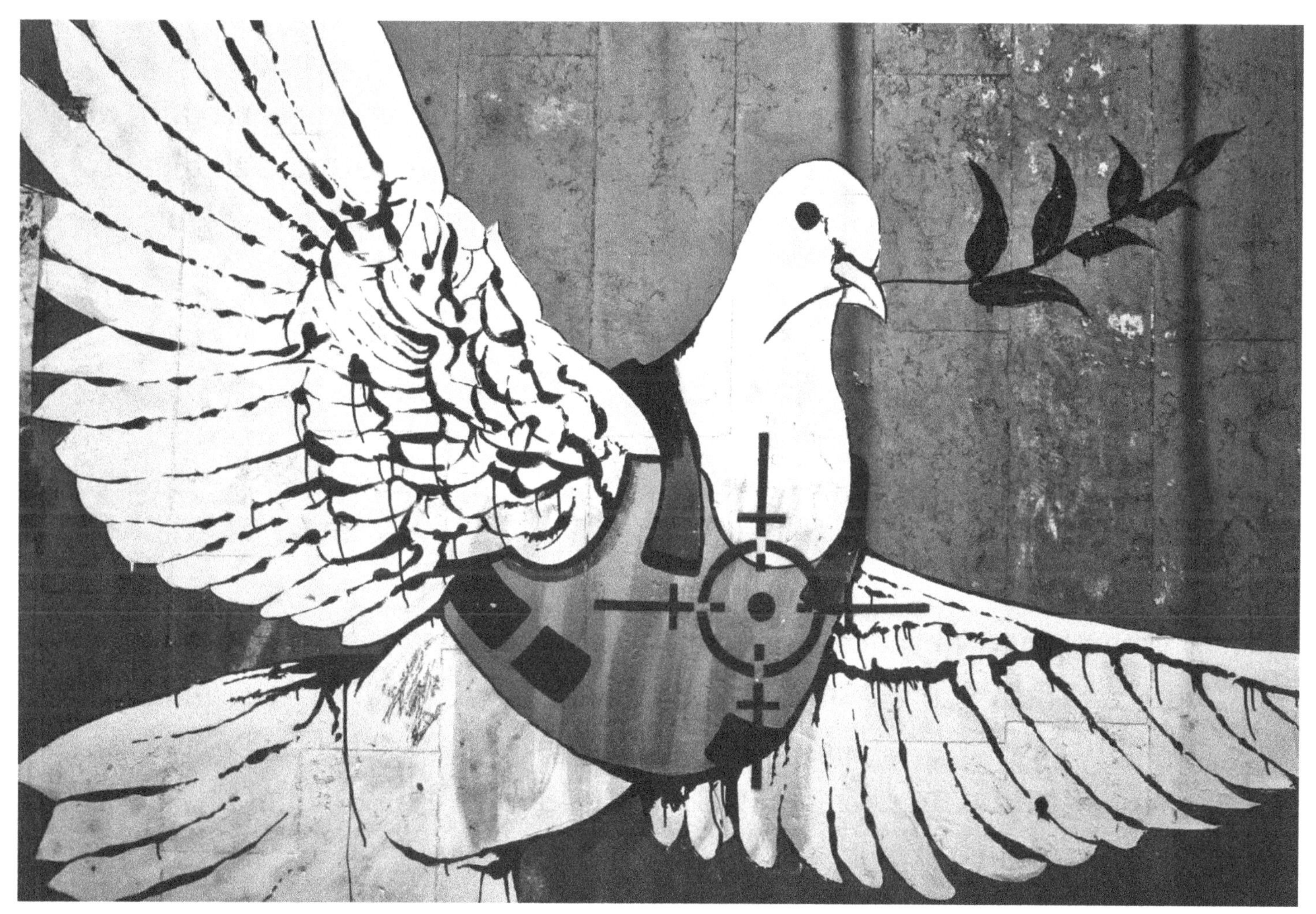

Quando fu vicino, alla vista della città, pianse su di essa, dicendo:
"Oh, se tu pure conoscessi, in questo giorno, quello che occorre alla tua pace ! Ma ora ciò è stato nascosto ai tuoi occhi. Veranno sopra di te giorni nei quali i tuoi nemici ti circonderanno di trincee. Ti assedieranno e ti stringeranno da ogni parte…"

Now when Jesus approached and saw the city, he wept over it, saying,
"If you had only known on this day, even you, the things that make for peace ! But now they are hidden from your eyes. For the days will come upon you when your enemies will build an embankment against you and surround you and close in on you from every side…"

Lu/Lk, 19, 41-43

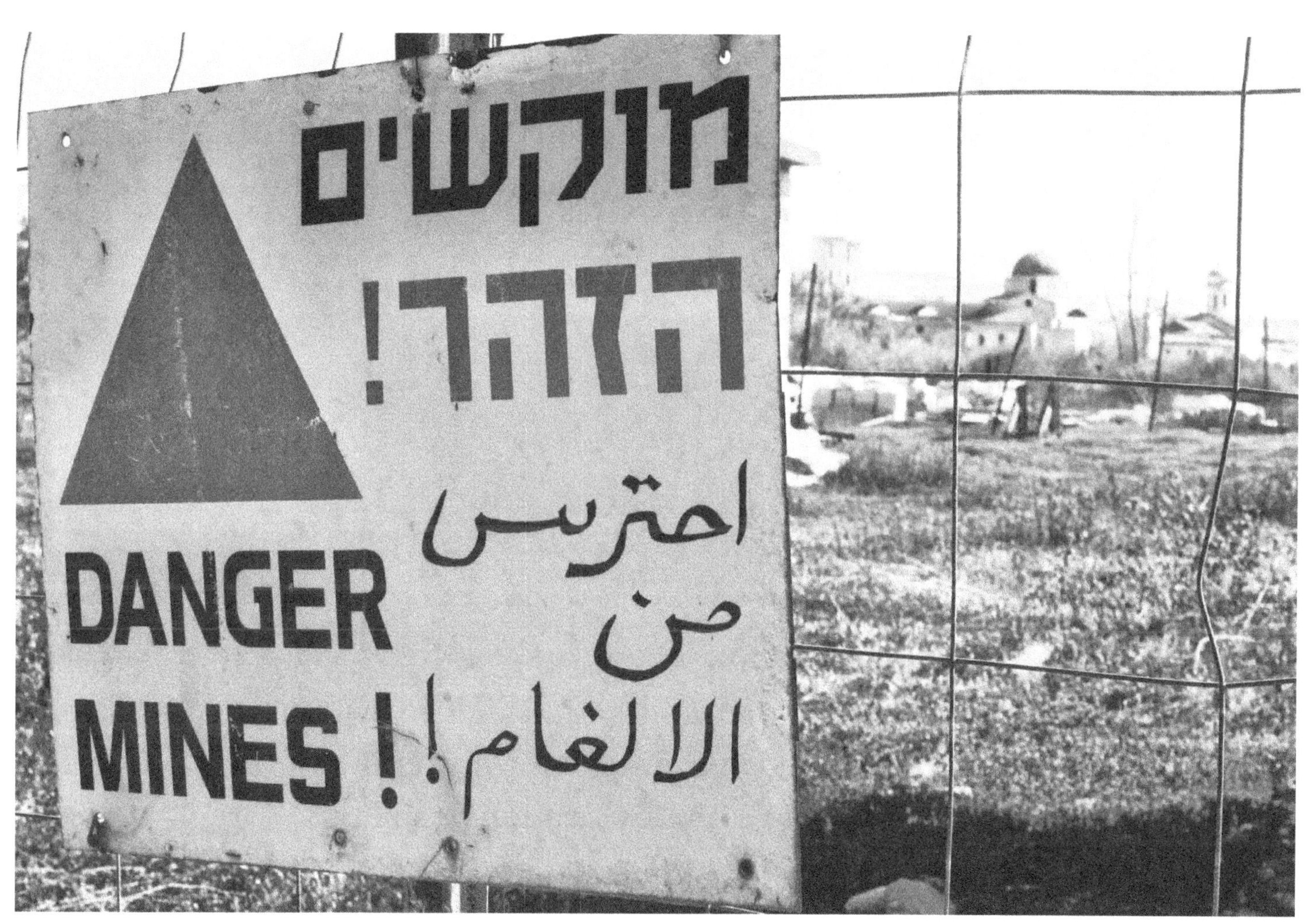
מוקשים
הזהר!
احترس
من
الالغام !!
DANGER
MINES !!

"...Distruggeranno te e i tuoi abitanti, e non lasceranno in te pietra su pietra, perché tu non hai conosciuto il tempo nel quale sei stata visitata".

"...They will demolish you – you and your children within your walls – and they will not leave within you one stone on top of another, because you did not recognize the time of your visitation from God."

Lu/Lk, 19, 44

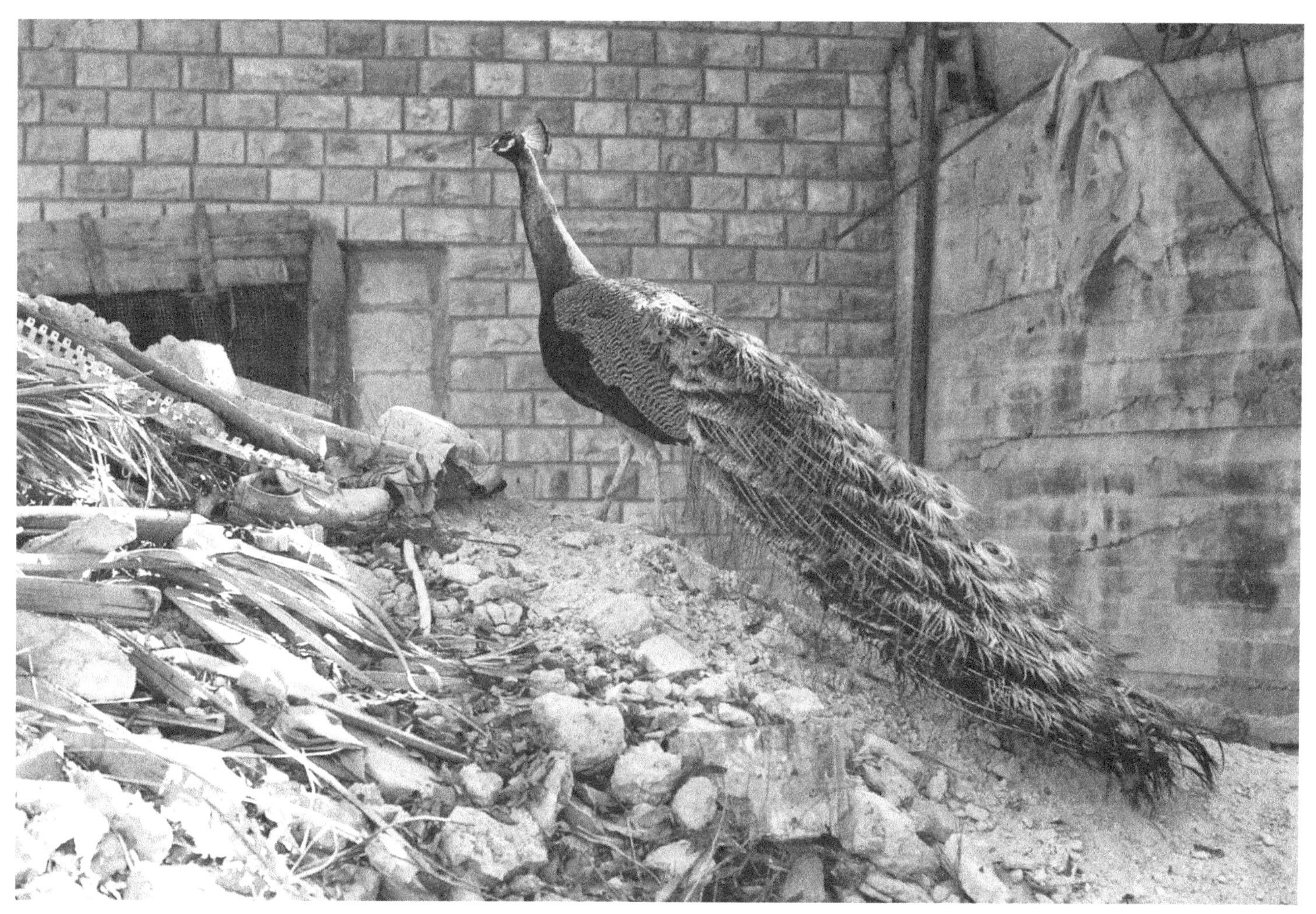

Egli disse loro: "Per questo ogni scriba istruito nel regno dei cieli è simile a un padre di famiglia che trae fuori dal suo scrigno cose nuove e antiche".

Then he said to them, "Therefore every expert in the law who has been trained for the kingdom of heaven is like the owner of a house who brings out of his treasure what is new and old."

Mt, 13, 52

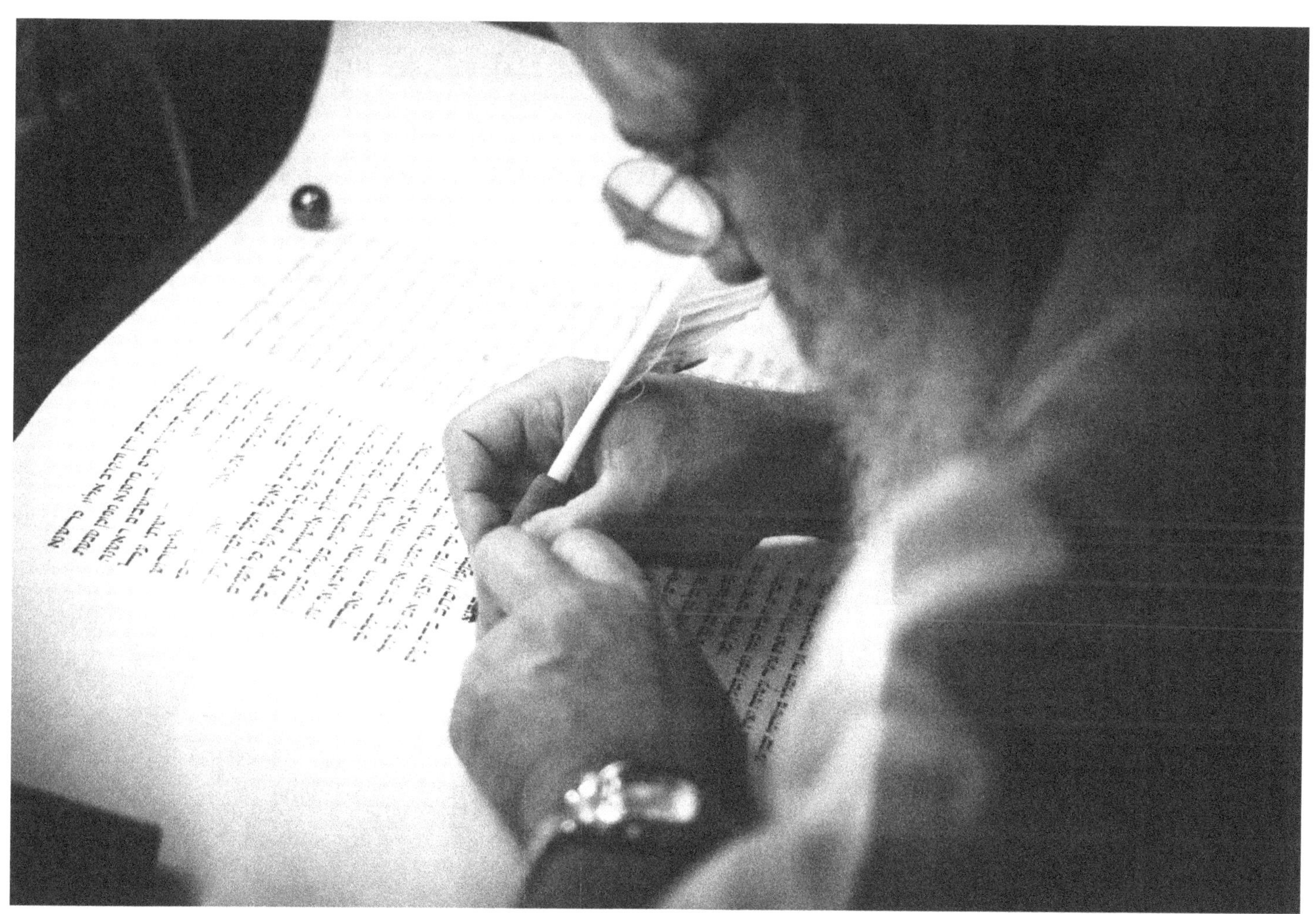

In verità vi dico: se non vi convertirete e non diventerete come i fanciulli non entrerete nel regno dei cieli.
Chi dunque si farà piccolo come questo fanciullo, questi sarà il più grande nel regno dei cieli.
Se uno accoglie un solo fanciullo come questo nel mio nome, accoglie me.

I tell you the truth, unless you turn around and become like little children, you will neverenter the kingdom of heaven !
Whoever then humbles himself like this little child is the greatest in the kingdom of heaven.
And whoever welcomes a child like this in my name welcomes me.

Mt, 18, 3-5

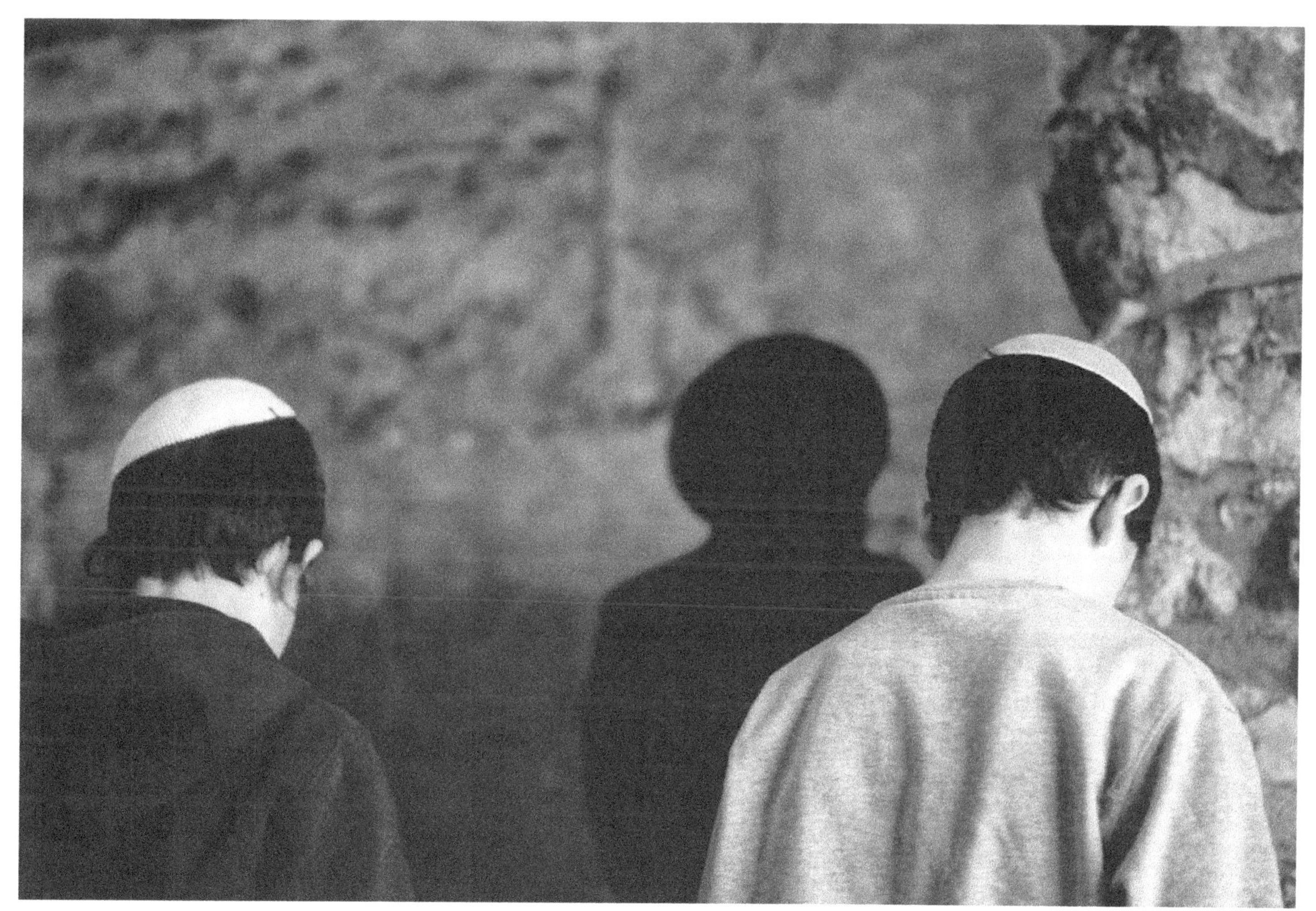

Per questo l'uomo lascerà suo padre e sua madre e si unirà a sua moglie, e
i due saranno una carne sola. Sicchè non sono più due, ma una sola carne.
Dunque: ciò che Dio ha unito, l'uomo non separi.

For this reason a man will leave his father and mother, and the two
will become one flesh.
So they are no longer two, but one flesh.
Therefore what God has joined together, let no one separate.

Mc/Mk, 10, 7-9

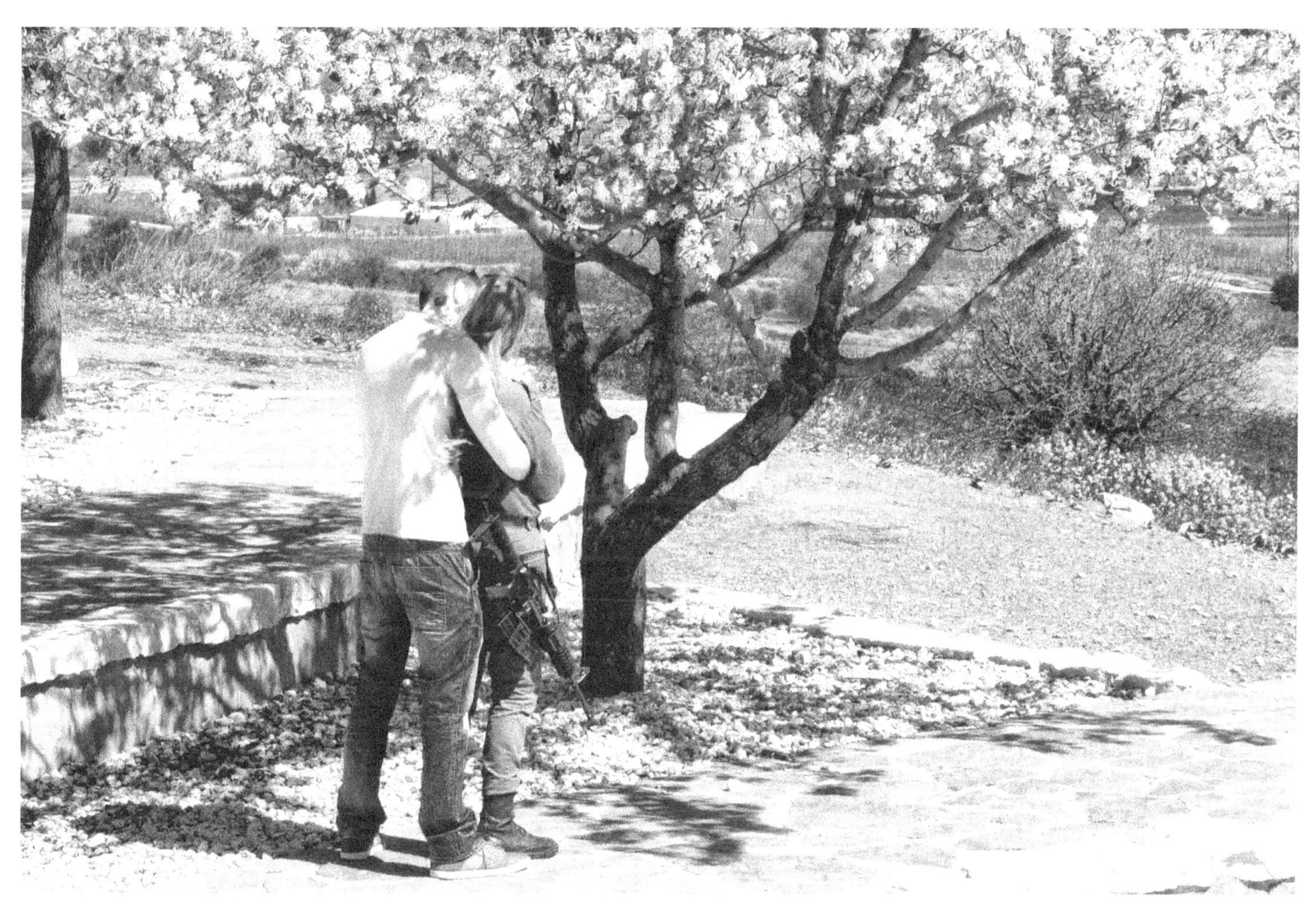

Or alcuni gli conducevano dei bambini affinchè li toccasse; ma i discepoli li sgridavano. Visto ciò, Gesù si segnò e disse loro:

"Lasciate che i bambini vengano a me e non li ostacolate, perché di quelli come loro è il regno di Dio. In verità vi dico che chi non accoglierà il regno di Dio come un fanciullo, certamente non vi entrerà".

Quindi, prendendoli tra le braccia, li benediceva imponeva loro le mani.

Now people were bringing little children to him for him to touch, but the disciples scolded those who brought them. But when Jesus saw this, he was indignant and said to them,

"Let the little children come to me and do not try to stop them, for the kingdom of God belongs to such as these.

I tell you the truth, whoever does not receive the kingdom of God like a child will never enter it."

After he took the children in his arms, he placed his hands on them and blessed them.

Mc/Mk, 10, 13-16

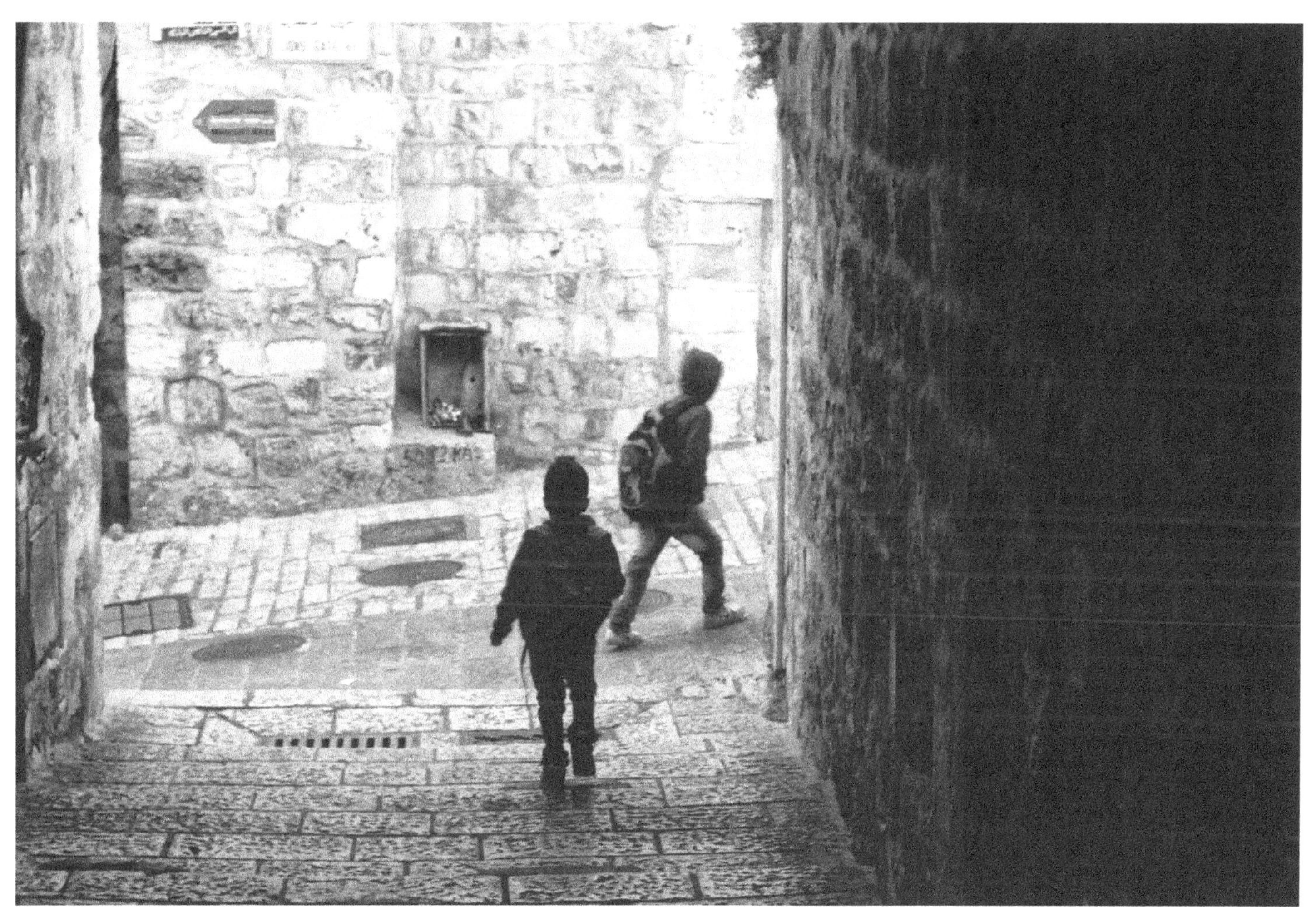

Il governatore prese dunque la parola e domandò:
"Chi dei due volete che vi rilasci ?"
Essi risposero: "Barabba !"
E Pilato loro: "Che farò dunque di Gesù che è chiamato Cristo ?"
Tutti rispondono: "Sia crocifisso !"
Ed egli: "Ma che male ha fatto ?"
Ed essi gridavano più forte: "Sia crocifisso !"

The governor asked them,
"Which of the two do you want me to release for you ?"
And they said, "Barabbas !"
Pilate said to them,
"Then what should I do with Jesus who is called the Christ ?"
They all said, "Crucify him !"
He asked, "Why ? What wrong has he done ?"
But they shouted more insistently, "Crucify him !"

Mt, 27, 21-23

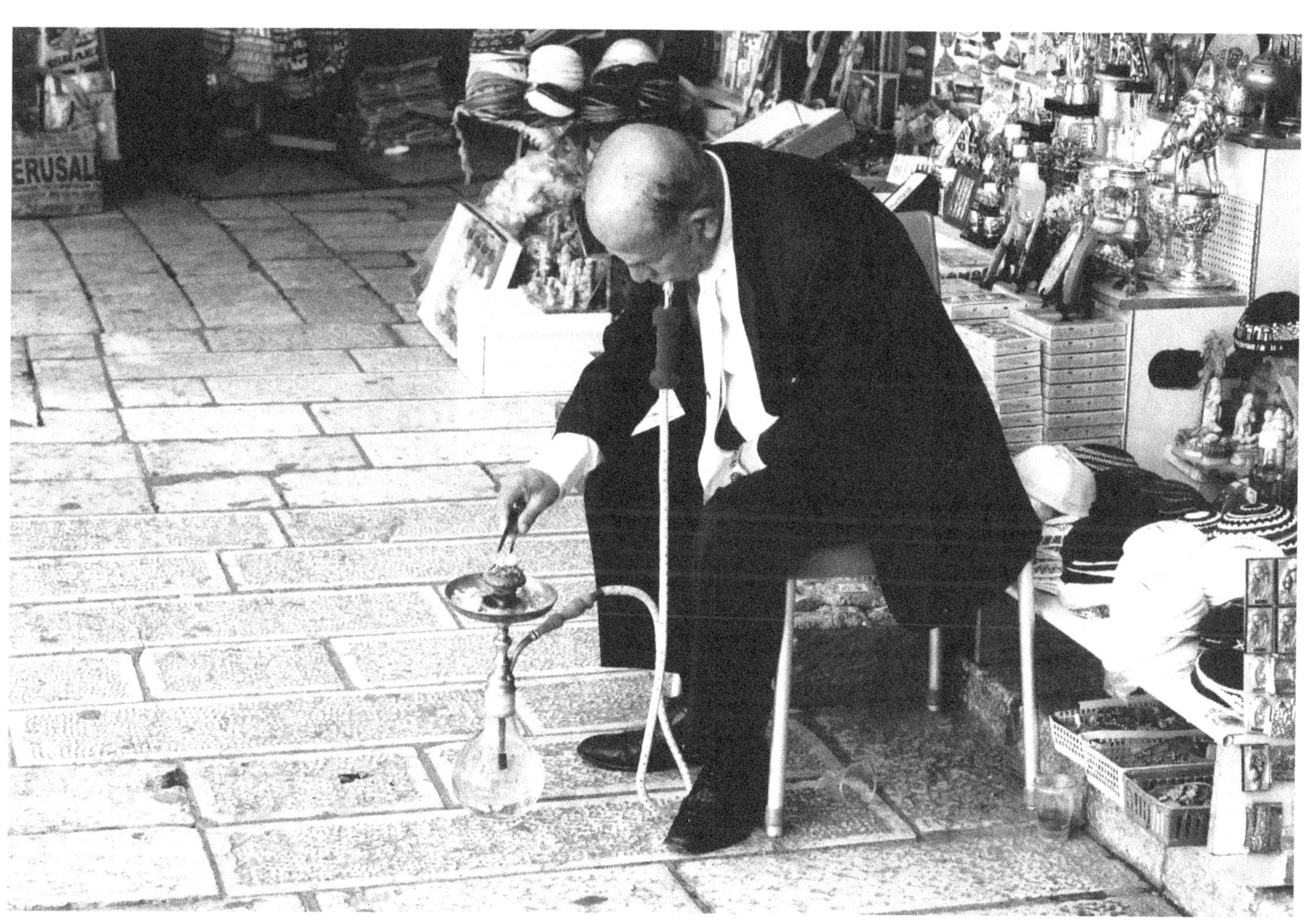

Gesù diceva:
"Padre, perdona loro, perché non sanno quello che fanno".

But Jesus said:
"Father, forgive them, for they don't know what they are doing."

Lc/Lk, 23, 34

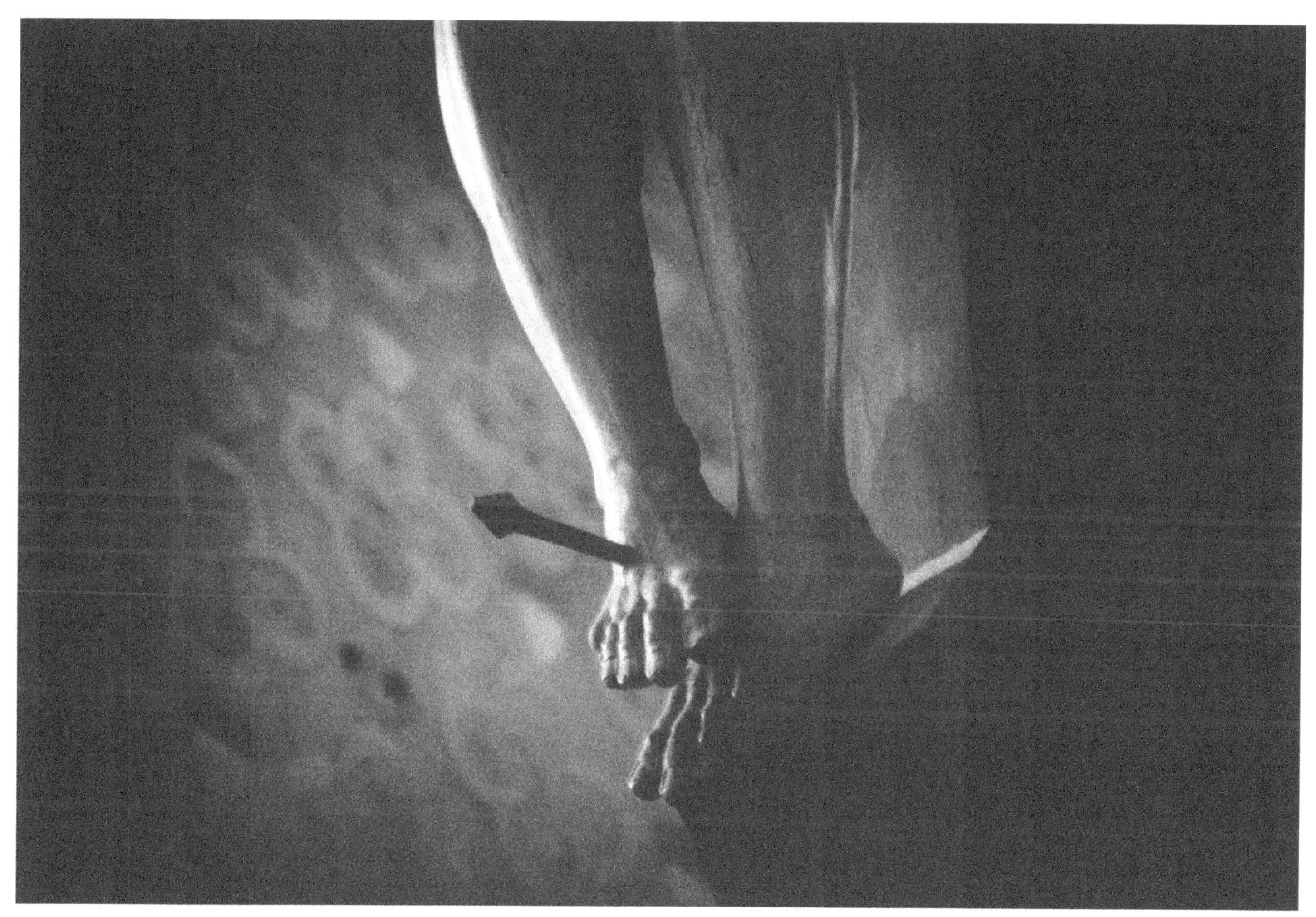

Giunta l'ora sesta, si fece buio su tutta la terra fino all'ora nona.

All'ora nona, Gesù esclamò a gran voce:

"Eloì, Eloì, lamà sabachthanì ?", che si traduce:

"Dio mio, Dio mio, perché mi hai abbandonato ?" […]

Ma Gesù, emesso un grande grido, spirò.

Allora il velo del tempio si squarciò in due, dall'alto fino in basso.

E il centurione che gli stava di fronte, vistolo spirare gridando a quel modo, esclamò:

"Davvero quest'uomo era Figlio di Dio !"

Now when it was noon, darkness came over the whole land until three in the afternoon. Around three o'clock Jesus cried out with a loud voice,

"Eloì, Eloì, lemà sabachthanì ?" which means,

"My God, my God, why have you forsaken me ?" […]

But Jesus cried out with a loud voice and breathed his last.

And the temple curtain was torn in two, from top to bottom. Now when the centurion, who stood in front of him, saw how he died, he said,

"Truly this man was God's Son !"

Mc/Mk, 15, 33-34 / 37-39

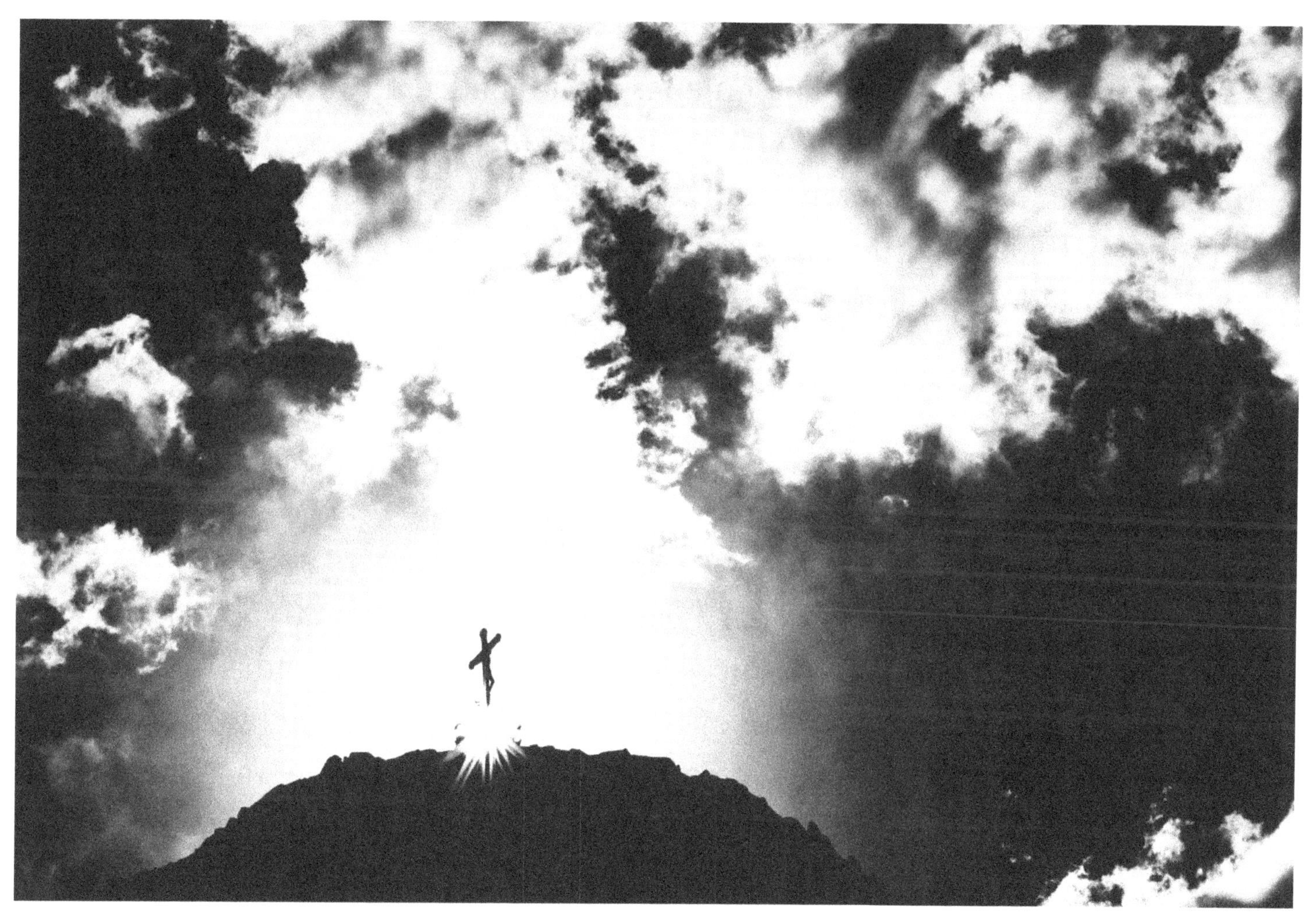

Trascorso il sabato, Maria Maddalena, Maria madre di Giacomo e Salome comprarono gli aromi per andare a imbalsamare Gesù. Assai presto, nel primo giorno della settimana, vennero al sepolcro, appena spuntò il sole. Intanto si andavano dicendo tra loro: "Chi ci farà rotolare la pietra dall'ingresso del sepolcro ?"

When the Sabbath was over, Mary Magdalene, Mary the mother of James, and Salome bought aromatic spices so that they might go and anoint him. And very early on the first day of the week, at sunrise, they went to the tomb. They had been asking each other, "Who will roll away the stone for us from the entrance to the tomb ?"

Mc/Mk, 16, 1-3

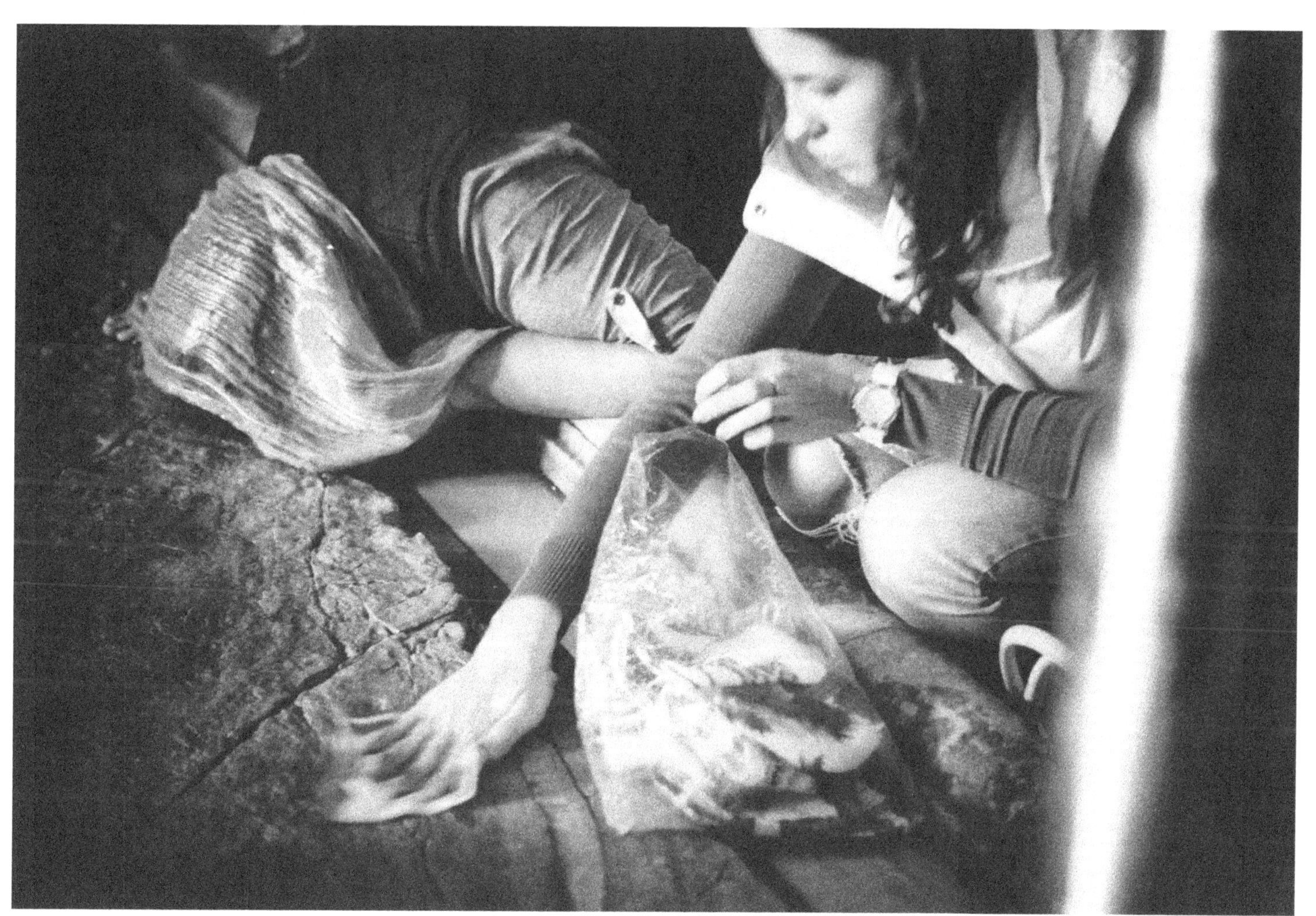

Ed ecco, vi fu un gran terremoto: un angelo del Signore, infatti, sceso dal cielo, si avvicinò, rotolò la pietra, e si mise a sedere su di essa. Il suo aspetto era come la folgore e le sue vesti bianche come la neve. Alla sua vista le guardie rimasero sconvolte e diventarono come morte.

L'angelo disse alle donne: "Non temete, voi ! So che cercate Gesù crocifisso; non è qui: è risorto, come aveva detto. Orsù, osservate il luogo dove giaceva. E ora andate a dire ai suoi discepoli che egli è risorto dai morti e vi precede in Galilea: là lo vedrete".

Suddenly there was a severe earthquake, for an angel of the Lord descending from heaven came and rolled away the stone and sat on it. His appearance was like lightning, and his clothes were white as snow. The guards were shaken and became like dead men because they were so afraid of him. But the angel said to the women,

"Do not be afraid; I know that you are looking for Jesus, who was crucified. He is not here, for he has been raised, just as he said. Come and see the place where he was lying. Then go quickly and tell his disciples, "He has been raised from the dead. He is going ahead of you into Galilee. You will see him there."

Mt, 28, 2-7

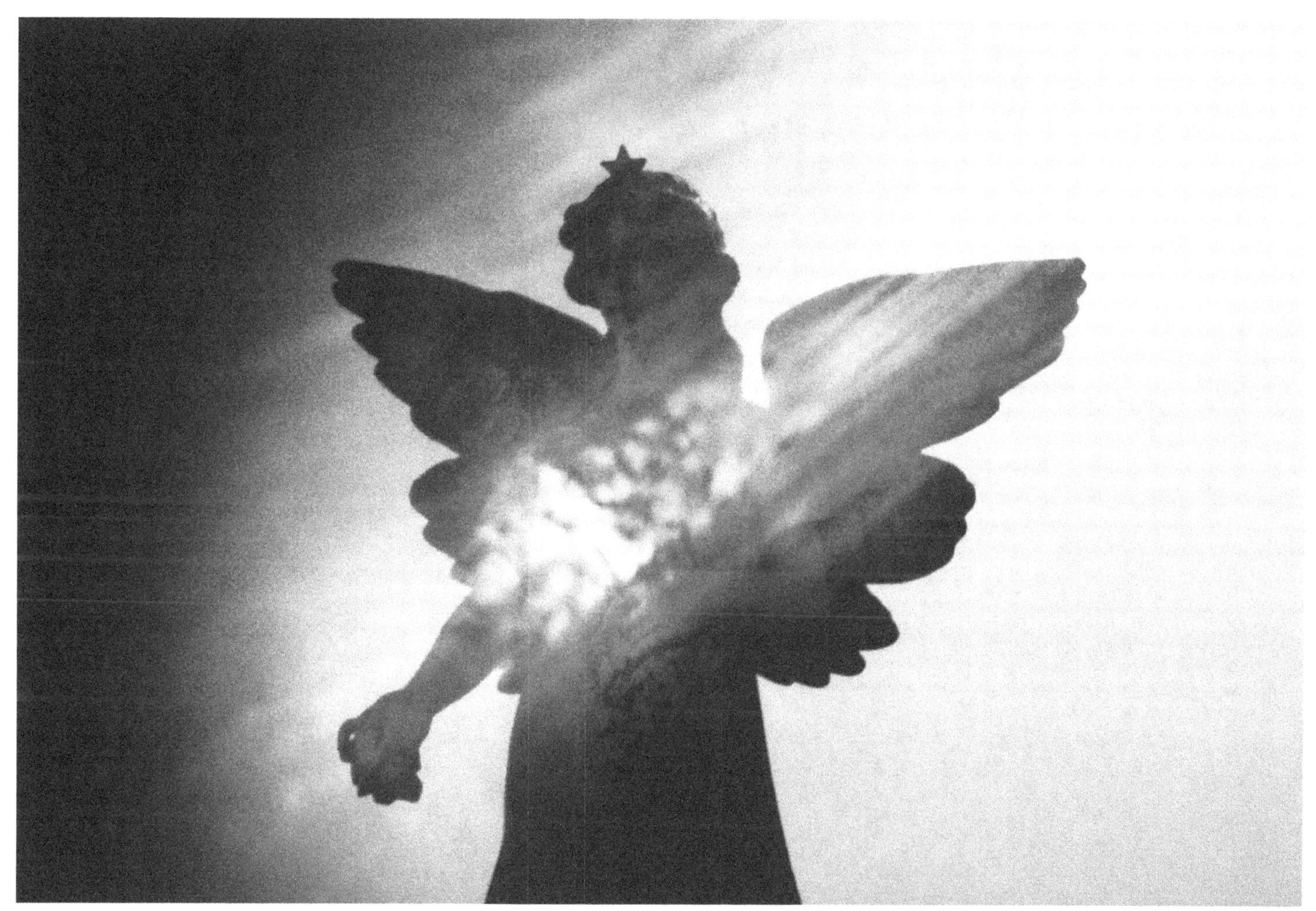

Epilogo

Epilogue

Perché i miei pensieri non sono i vostri pensieri
e le vostre vie non sono le mie vie.
Oracolo del Signore.
Quanto il cielo si innalza sopra la terra,
così si innalzano le mie vie sulle vostre vie e i miei pensieri sui vostri pensieri.
Infatti, come la pioggia e la neve scendono dal cielo e non vi ritornano più
senza aver irrigato la terra, senza averla fecondata e fatta germogliare,
in modo da fornire il seme al seminatore e il pane a chi mangia,
così sarà la parola che esce dalla mia bocca:
non ritornerà a me senza effetto, senza aver realizzato quanto volevo
e senza aver compiuto cio per cui l'ho inviata.

Indeed, my plans are not like your plans, and my deeds are not like your deeds,
for just as the sky is higher than the earth,
so my deeds are superior to your deeds and my plans superior to your plans.
The rain and snow fall from the sky and do not return,
but instead water the earth and make it produce and yield crops,
and provide seed for the planter and food for those who must eat.
In the same way, the promise that I make
does not return to me, having accomplished nothing.
No, it is realized as I desire and is fulfilled as I intend.

Isaiah, 55, 8-11

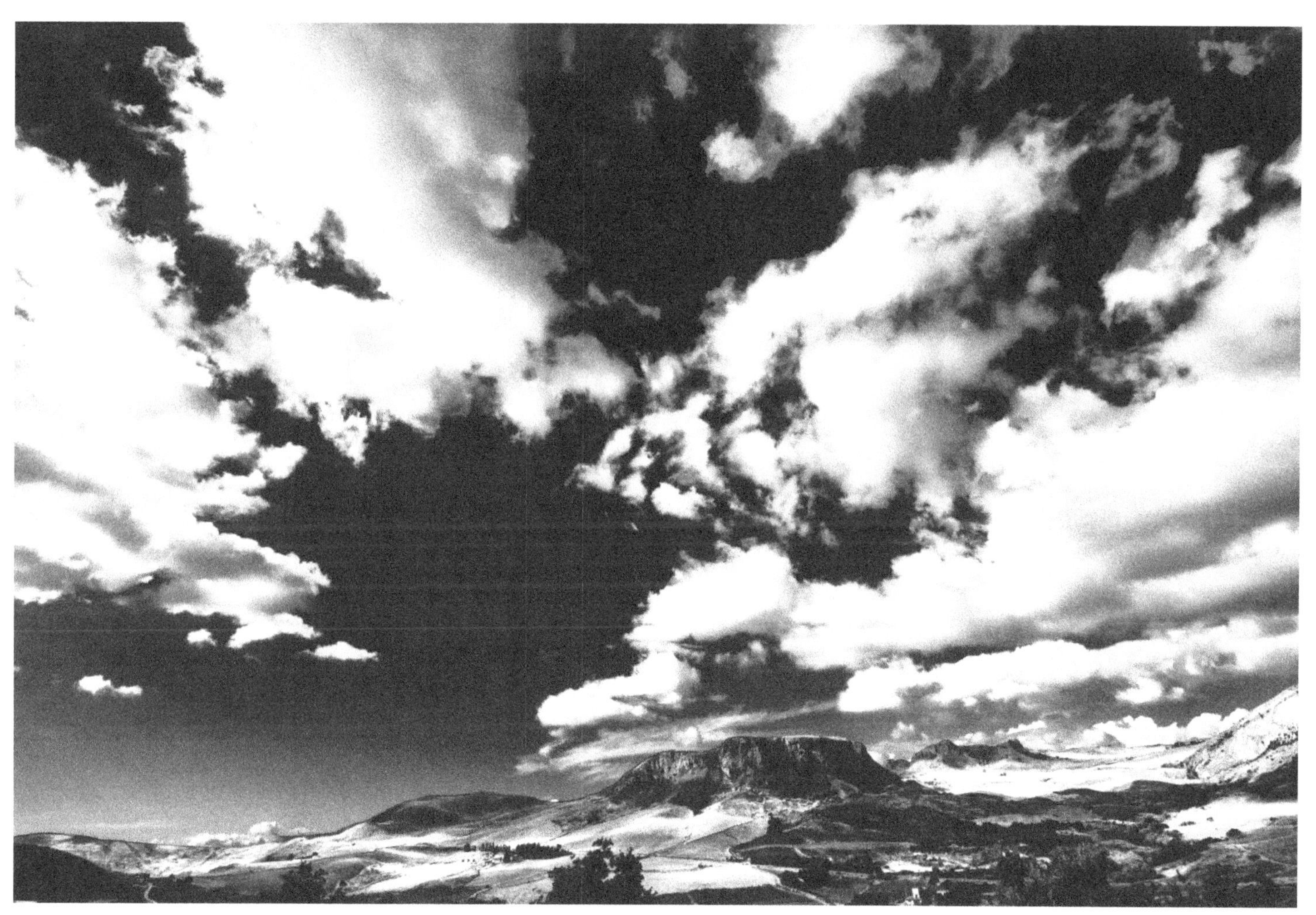

Antonio Buttitta nasce il 14 maggio 1981 a Palermo,
dove si diploma al liceo classico e si laurea in giurisprudenza.
Vive a Roma per qualche anno e si specializza
in studi diplomatici e relazioni internazionali.
In seguito si trasferisce in Toscana, dove vive e lavora.
Questo è il suo secondo libro fotografico,
dopo la "Ballata di un Treno Lento".

Antonio Buttitta was born on 14 May 1981 in Palermo, Sicily.
He graduated in Law.
He studied in Rome, where he received a Master
in Diplomacy and International Relations.
Afterwards he moved to Tuscany, where he lives and works.
This is his second photographic book,
after the "Ballad of a Slow Train".

Si ringraziano

Mio padre Enrico per avermi portato con lui in Terra Santa

Padre Edoardo per aver illuminato e dato un senso al percorso.

Special Thanks

My father Enrico for taking me to the Holy Land

Father Edoardo for enlightening the way and making the journey meaningful.

Le opere dell'autore sono pubblicate sotto forma di slideshow sul sito

The author's artworks are on

vimeo.com/antoniobuttitta

e-mail:

antoniobuttitta@hotmail.it

Titolo | Tu mi ami? Do you love me?
Autore | Antonio Buttitta

ISBN | 978-88-91193-13-1

Youcanprint Self-Publishing
Via Roma, 73 - 73039 Tricase (LE) - Italy
www.youcanprint.it
info@youcanprint.it
Facebook: facebook.com/youcanprint.it
Twitter: twitter.com/youcanprintit

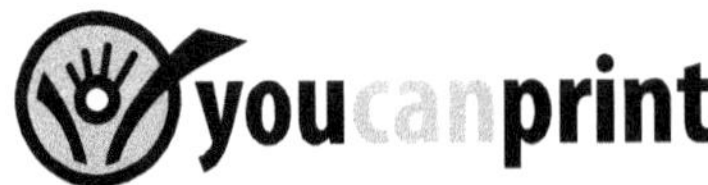

Finito di stampare nel mese di Giugno 2015
per conto di Youcanprint *Self - Publishing*

www.ingramcontent.com/pod-product-compliance
Lightning Source LLC
LaVergne TN
LVHW080505200726

843509LV00008B/374